BEŞ BİLEŞENLİ AKDENİZ DİYETİ

Akdeniz'den 100 Zahmetsiz Tarifle Yemeklerinizi
Dönüştürün

Derya Ünal

İÇİNDEKİLER

ANA DİL 111

TATLI 160

çeşniler **187**

ÇÖZÜM **212**

GiRiiŞ

Sıradanlığın ötesine geçen ve sizi Akdeniz mutfağının özünü en saf haliyle deneyimlemeye davet eden bir yemek kitabı olan Beş Malzemeli Akdeniz Şöleni'nin mutfak yolculuğuna hoş geldiniz. Gastronomi alanında Akdeniz, canlı yemekleri, güçlü aromaları ve malzemelerin sadeliğini öven mutfak felsefesiyle tanınan bir lezzet feneridir. Bu yemek kitabı yalnızca yemek tariflerinin bir derlemesi değildir; her yemeğin güneşli manzaraların, paylaşılan anların ve farklı kültürlerin zengin dokusunun hikayesini anlattığı bir yaşam tarzına dalmadır. Bu yolculuğa çıkarken, zeytinyağının altın ışıltısıyla yıkanmış, aromatik bitkilerin melodisiyle yankılanan ve taze ürünlerin cömertliğiyle süslenmiş bir mutfak hayal edin. Akdeniz yalnızca bir bölge değildir; Bu, malzemelerin bütünlüğünün ön plana çıktığı, karmaşık olmayan yemek pişirmenin keyfini kucaklayan bir ruh halidir. Beş Malzemeli Akdeniz Ziyafeti bu ruhu özetliyor ve güneşin ısladığı lezzetleri sofranıza getiren tariflerle bu ünlü mutfak manzarasının büyüsünü keşfetmeniz için size bir pasaport sunuyor.

Yunanistan kıyılarından İtalya kıyılarına kadar her tarif, yemek tutkunlarını nesiller boyu büyüleyen mutfak mirasının bir yansımasıdır. İster deneyimli bir ev aşçısı olun ister mutfağa yeni başlayan biri olun, bu yemek kitabı rehberiniz olarak hizmet ediyor ve hem yaklaşılabilir hem de karşı konulamaz derecede lezzetli bir mutfak macerası vaat ediyor. Bu sayfalarda, her yemeğin lezzet, doku ve kültürel etkilerden oluşan bir senfoni olduğu Akdeniz'in bir avuç malzemeyi ziyafete dönüştürme sanatını kutluyoruz. Güzelliğin birkaç temel unsurun uyumunda yattığı Akdeniz mutfağının sırlarını açığa çıkarmamda bana katılın. Gelin bu mutfak geleneğinin kalbine dalalım, sadece yemek pişirme sanatını değil aynı zamanda hayatın en basit ve en keyifli zevklerini tatmanın mutluluğunu da keşfedelim. Beş Malzemeli Akdeniz Şöleni bir yemek kitabından çok daha fazlasıdır; Bu, yemek hazırlama ve paylaşma eyleminin Akdeniz ruhunun bir kutlamasına dönüştüğü, hem eskimeyen hem de son derece tatmin edici bir yaşam tarzını benimsemeye yönelik bir davettir. Her lokmanın bir yolculuk, her yemeğin duyular için bir ziyafet olduğu bir dünyaya hoş geldiniz.

KAHVALTI VE BRUNCH

İÇİNDEKİLER:

- 1 yemek kaşığı zeytinyağı
- 1 soğan, ince doğranmış
- 1 kırmızı dolmalık biber, doğranmış
- 1 kutu (14 ons) ezilmiş domates
- 4 büyük yumurta

TALİMATLAR:

a) Zeytinyağını bir tavada orta ateşte ısıtın. Doğranmış soğanı ve kırmızı biberi ekleyip yumuşayana kadar soteleyin.

b) Rendelenmiş domatesleri tavaya ekleyin ve 10 dakika pişirin.

c) Domates karışımında çukurlar oluşturun ve yumurtaları buralara kırın.

d) Yumurtalar istediğiniz donanıma ulaşana kadar kapağını kapatıp pişirin.

e) Shakshuka'yı servis edin ve en sevdiğiniz çıtır ekmeğin tadını çıkarın.

İÇİNDEKİLER:

- 1 bardak Yunan yoğurdu
- ½ bardak taze meyveler (çilek, yaban mersini veya ahududu)
- 1 yemek kaşığı bal
- ¼ bardak granola
- 1 yemek kaşığı kıyılmış fındık (badem veya ceviz)

TALİMATLAR:

a) Bir bardak veya kaseye Yunan yoğurtunu katlayın.
b) Bir kat taze meyve ekleyin.
c) Balları meyvelerin üzerine gezdirin.
d) Üzerine granola ve kıyılmış fındık serpin.
e) İstenirse katmanları tekrarlayın.
f) Lezzetli ve besleyici parfenizin tadını çıkarın!

İÇİNDEKİLER:

- 2 dilim tam tahıllı ekmek
- 1 olgun avokado
- ½ limon suyu
- Tatmak için biber ve tuz
- 2 büyük yumurta, haşlanmış

TALİMATLAR:

a) Ekmek dilimlerini kızartın.
b) Avokadoyu limon suyu, tuz ve karabiberle ezin.
c) Ezdiğiniz avokadoyu tostun üzerine eşit şekilde yayın.
d) Her tostun üzerine haşlanmış yumurta koyun.
e) Derhal servis yapın.

İÇİNDEKİLER:

- 2 büyük yumurta
- 1 yemek kaşığı zeytinyağı
- ¼ bardak beyaz peynir, ufalanmış
- Bir avuç ıspanak yaprağı
- Tatmak için biber ve tuz

TALİMATLAR:

a) Yumurtaları bir kasede çırpın, tuz ve karabiberle tatlandırın.

b) Zeytinyağını yapışmaz bir tavada orta ateşte ısıtın.

c) Ispanağı ekleyip suyunu çekene kadar pişirin.

d) Çırpılmış yumurtaları sebzelerin üzerine dökün ve bir süre bekletin.

e) Omletin bir yarısına beyaz peynir serpin, diğer yarısını da üzerine kapatın.

f) Yumurtalar tamamen pişene kadar pişirin.

5. Akdeniz Chicharrónes Con Huevo

İÇİNDEKİLER:
- 1 bardak domuz chicharrónes (kızarmış domuz derileri), ezilmiş
- 4 büyük yumurta
- ½ su bardağı doğranmış domates
- ¼ bardak doğranmış kırmızı soğan
- 2 yemek kaşığı zeytinyağı

TALİMATLAR:
a) Bir kapta yumurtaları çırpın, tuz ve karabiberle tatlandırın.

b) Zeytinyağını bir tavada orta ateşte ısıtın.

c) Tavaya doğranmış domatesleri, doğranmış kırmızı soğanı ve doğranmış jalapeño'yu ekleyin. Sebzeler yumuşayana kadar soteleyin.

d) Çırpılmış yumurtaları tavaya dökün, hafifçe karıştırarak sebzelerle birleştirin.

e) Yumurtalar sertleşmeye başladığında ezilmiş chicharrónes'leri tavaya ekleyin ve yumurtalar tamamen pişene kadar karıştırmaya devam edin.

f) Üzerine kıyılmış taze kişniş ve yanında limon dilimleri serperek sıcak servis yapın.

6. Akdeniz Kahvaltılık Sufle

İÇİNDEKİLER:

- 6 büyük yumurta, ayrılmış
- ½ su bardağı beyaz peynir, ufalanmış
- ¼ bardak siyah zeytin, dilimlenmiş
- ¼ bardak güneşte kurutulmuş domates, doğranmış
- ¼ bardak taze fesleğen, doğranmış

TALİMATLAR:

a) Fırını önceden 375°F'ye (190°C) ısıtın.

b) Yumurta sarılarını geniş bir kapta iyice birleşene kadar çırpın.

c) Ayrı bir kapta yumurta aklarını sert tepecikler oluşuncaya kadar çırpın.

d) Çırpılmış yumurta sarısına beyaz peyniri, dilimlenmiş siyah zeytini, doğranmış güneşte kurutulmuş domatesi ve taze fesleğenleri yavaşça ekleyin.

e) Çırpılmış yumurta aklarını birleşene kadar dikkatlice katlayın.

f) Tatmak için tuz ve karabiber ekleyin.

g) Fırın tepsisini yağlayın ve karışımı içine dökün.

h) 25-30 dakika veya sufle kabarıp altın rengi kahverengi olana kadar pişirin.

i) Fırından çıkarın ve servis yapmadan önce soğumasını bekleyin.

İÇİNDEKİLER:

- 7 dilim pastırma
- 1 yemek kaşığı Zeytinyağı
- 4 büyük Yumurta
- 4 ons Taze Mozzarella Peyniri, küp şeklinde
- 1 orta boy Kırmızı Biber

TALİMATLAR:

a)   Fırını 350°F'ye önceden ısıtın.

b)   Sıcak bir tavaya 1 yemek kaşığı zeytinyağı ekleyin ve 7 dilim pastırmayı kahverengileşinceye kadar pişirin.

c)   Kıyılmış kırmızı biberi tavaya ekleyin ve iyice karıştırın.

d)   Bir kasede 4 büyük yumurtayı çırpın, 4 ons küp küp doğranmış taze mozarella ekleyin ve iyice karıştırın.

e)   Yumurta ve peynir karışımını tavaya ekleyerek eşit dağılımı sağlayın.

f)   Yumurtalar kenarlara yerleşmeye başlayana kadar pişirin.

g)   Frittata'nın üstüne 2 ons keçi peyniri rendeleyin.

h)   Tavayı fırına aktarın ve 350°F sıcaklıkta 6-8 dakika pişirin, ardından üst kısmı altın rengi kahverengi olana kadar 4-6 dakika daha kızartın.

i)   Fırından çıkarıp kısa bir süre dinlenmeye bırakın.

j)   Frittatayı dikkatlice tavadan çıkarın, taze kıyılmış maydanozla süsleyin ve servis yapmadan önce dilimleyin.

İÇİNDEKİLER:

- 8 dilim sevdiğiniz ekmekten
- 4 büyük yumurta
- 1 bardak süt
- 1 çay kaşığı vanilya özü
- ½ su bardağı karışık meyveler (çilek, yaban mersini, ahududu)

TALİMATLAR:

a) Sığ bir tabakta yumurtaları, sütü ve vanilya özünü birlikte çırpın.

b) Izgarayı veya yapışmaz tavayı ısıtın ve tereyağı veya zeytinyağı ekleyin.

c) Her dilim ekmeği, her iki tarafı da kaplayacak şekilde yumurta karışımına batırın.

d) Ekmeğin her iki tarafı da altın rengi kahverengi olana kadar (her bir tarafı yaklaşık 3-4 dakika) ızgarada pişirin.

e) Fransız tostunu karışık meyvelerle süsleyerek servis edin.

İÇİNDEKİLER:

- 1 bardak polenta
- 4 su bardağı sebze suyu
- 2 yemek kaşığı zeytinyağı
- 1 kutu (400g) doğranmış domates, süzülmüş
- 1 su bardağı enginar kalbi, doğranmış

TALİMATLAR:

a)   Orta boy bir tencerede sebze suyunu kaynatın. Polentayı koyulaşıp kremsi bir kıvama gelinceye kadar sürekli karıştırarak çırpın.

b)   Ayrı bir tavada zeytinyağını orta ateşte ısıtın. İnce doğranmış soğanı şeffaflaşana kadar soteleyin.

c)   Kıyılmış sarımsakları tavaya ekleyin ve 1-2 dakika daha soteleyin.

d)   Süzülmüş doğranmış domatesleri, doğranmış enginar kalplerini ilave edip, tuz ve karabiberle tatlandırın. Tamamen ısınana kadar 5-7 dakika pişirin.

e)   Akdeniz sebze karışımını polentanın üzerine dökün, hafifçe karıştırarak birleştirin.

İÇİNDEKİLER:

- 2 bardak su
- 1/2 çay kaşığı tuz
- 1 su bardağı orta boy bulgur
- 1 yemek kaşığı vegan margarin
- 2 adet olgun armut, soyulmuş, çekirdeği çıkarılmış ve doğranmış
- 1/4 su bardağı kıyılmış ceviz

TALİMATLAR:

a) Büyük bir tencerede suyu yüksek ateşte kaynatın.

b) Tuzu ekleyip bulguru ekleyip karıştırın. Isıyı en aza indirin, kapağını kapatın ve bulgur yumuşayana ve sıvı emilene kadar yaklaşık 15 dakika pişirin.

c) Ateşten alıp margarini, armutları ve cevizleri ekleyip karıştırın.

d) Servis yapmadan önce örtün ve 12 ila 15 dakika daha bekletin.

İÇİNDEKİLER:

- 2 su bardağı kepek gevreği mısır gevreği
- 1 1/2 bardak çok amaçlı un
- 1/2 bardak kuru üzüm
- 1/3 su bardağı şeker
- 3/4 su bardağı taze portakal suyu

TALİMATLAR:

a) Fırını önceden 400°F'ye ısıtın.

b) 12 fincanlık muffin kalıbını hafifçe yağlayın veya kağıt astarlarla hizalayın.

c) Büyük bir kapta kepek gevreğini, unu, kuru üzümleri, şekeri ve tuzu birleştirin.

d) Orta boy bir kapta taze portakal suyu ve yağı karıştırın.

e) Islak malzemeleri kuru malzemelerin içine dökün ve nemlenene kadar karıştırın.

f) Hazırladığınız muffin kalıbına hamuru kaşıkla, kapların üçte ikisini dolduracak şekilde dökün.

g) Altın kahverengi olana ve muffin içine batırılan kürdan temiz çıkana kadar yaklaşık 20 dakika pişirin.

h) Muffinleri sıcak olarak servis edin.

İÇİNDEKİLER:

- Tam tahıllı sarma veya gözleme
- Humus
- Füme Somon
- İnce dilimlenmiş salatalık
- Taze dereotu, doğranmış

TALİMATLAR:

a) Humus'u tam tahıllı ambalajın üzerine eşit şekilde yayın.
b) Füme somonu ve ince dilimlenmiş salatalığı katmanlayın.
c) Kıyılmış taze dereotu serpin.
d) Ruloyu sıkıca sarın ve ikiye bölün.

13. İki Patatesli Akdeniz Hash

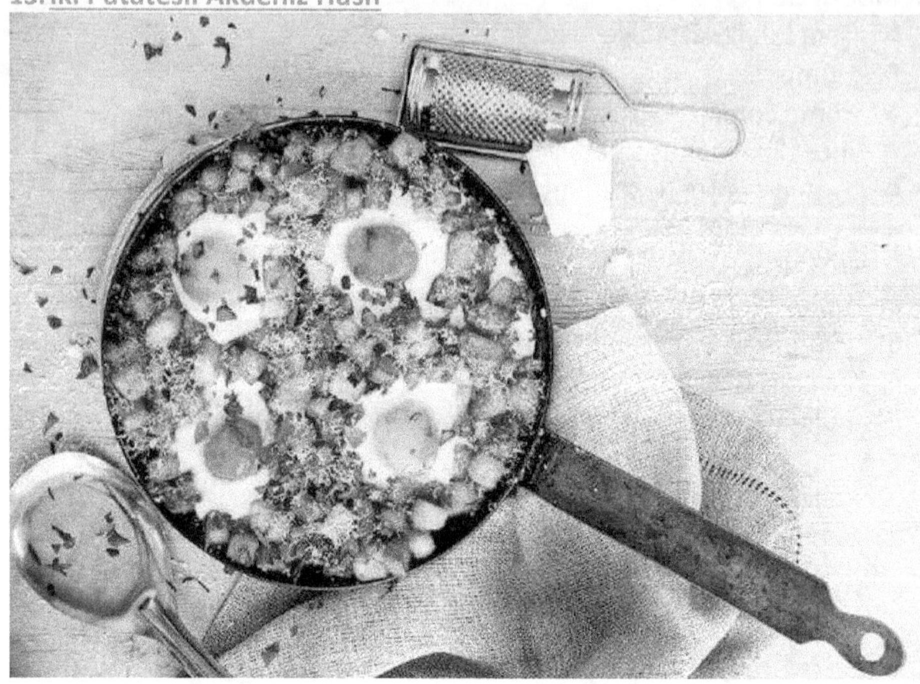

İÇİNDEKİLER:

- Kızartmak için zeytinyağı
- ½ soğan, kabaca doğranmış
- 80g füme pancetta küpleri
- 1 büyük tatlı patates, 2 cm'lik küpler halinde kesilmiş
- 2-3 orta boy Désirée patates, 2 cm'lik küpler halinde kesilmiş

TALİMATLAR:

a) Zeytinyağını büyük bir tavada orta ateşte ısıtın.

b) Kabaca doğranmış soğanı ekleyin ve yarı saydam olana kadar soteleyin.

c) Füme pancetta küplerini tavaya ekleyin ve kahverengileşene kadar pişirin.

d) Tavaya tatlı patates ve Désirée patateslerini ekleyin. Patatesler yumuşayana ve altın kahverengi bir kabuğa sahip olana kadar pişirin (yaklaşık 15 dakika).

e) Karmada dört kuyucuk yapın ve her kuyuya bir yumurta kırın. Tavayı kapatın ve yumurtalar istediğiniz kıvama gelinceye kadar pişirin.

f) İnce rendelenmiş parmesan ve doğranmış taze düz yapraklı maydanozla süsleyin.

14. Akdeniz Yumurtalı Muffinler

İÇİNDEKİLER:

- 6 büyük yumurta
- ½ bardak kiraz domates, doğranmış
- ½ bardak ıspanak, doğranmış
- ¼ bardak beyaz peynir, ufalanmış
- 1 yemek kaşığı siyah zeytin, dilimlenmiş

TALİMATLAR:

a) Fırını önceden 375°F'ye (190°C) ısıtın. Muffin kalıbını zeytinyağıyla yağlayın veya kağıt kalıpları kullanın.

b) Bir kapta yumurtaları birlikte çırpın. Tuz ve karabiberle tatlandırın.

c) Bir tavada kiraz domatesleri, ıspanakları ve kırmızı biberleri zeytinyağında yumuşayana kadar soteleyin.

d) Sotelenmiş sebzeleri hazırlanan muffin kalıbına eşit şekilde dağıtın.

e) Çırpılmış yumurtaları her muffin kabındaki sebzelerin üzerine dökün.

f) Her yumurtalı muffin üzerine ufalanmış beyaz peynir, dilimlenmiş siyah zeytin ve doğranmış taze maydanoz serpin.

g) Önceden ısıtılmış fırında 15-20 dakika veya yumurtalar sertleşene ve üstleri altın rengi kahverengi olana kadar pişirin.

h) Yumurtalı muffinleri muffin kalıbından çıkarmadan önce birkaç dakika soğumaya bırakın.

İÇİNDEKİLER:

- 1 su bardağı pişmiş kinoa veya bulgur
- 1 su bardağı kiraz domates, ikiye bölünmüş
- 1 salatalık, doğranmış
- ½ bardak Kalamata zeytini, çekirdekleri çıkarılmış ve dilimlenmiş
- ½ su bardağı beyaz peynir, ufalanmış

TALİMATLAR:

a)   Büyük bir kapta pişmiş kinoa veya bulguru, kiraz domatesleri, salatalıkları, Kalamata zeytinlerini ve ufalanmış beyaz peyniri birleştirin.

b)   Karışımı iki kaseye bölün.

c)   İstenirse taze maydanozla süsleyin.

d)   Hemen servis yapın ve basitleştirilmiş Yunan Tanrıçası Kasenizin tadını çıkarın!

İÇİNDEKİLER:

- 1 su bardağı eski moda yulaf ezmesi
- 1 bardak Yunan yoğurdu
- 1 bardak süt (süt veya bitki bazlı)
- 2 yemek kaşığı bal
- 2 yemek kaşığı çam fıstığı, kızartılmış

TALİMATLAR:

a)   Bir kapta yulaf ezmesini, Yunan yoğurtunu, sütü, balı ve vanilya özünü birleştirin. İyice karışana kadar karıştırın.

b)   Kavrulmuş çam fıstıklarını katlayın.

c)   Karışımı iki kavanoza veya hava geçirmez kaplara bölün.

d)   Kavanozları veya kapları kapatın ve yulafın yumuşamasını ve tatların birbirine karışmasını sağlamak için gece boyunca veya en az 4 saat buzdolabında bekletin.

e)   Servis yapmadan önce gece boyunca yulaf ezmesini iyice karıştırın. Eğer çok koyu olursa istediğiniz kıvama ulaşmak için bir miktar süt ekleyebilirsiniz.

İÇİNDEKİLER:

- 4 büyük yumurta
- 2 su bardağı taze ıspanak, doğranmış
- 1 yemek kaşığı zeytinyağı
- ½ soğan, ince doğranmış
- Tatmak için biber ve tuz

TALİMATLAR:

a) Bir kapta yumurtaları çırpın, tuz ve karabiberle tatlandırın.

b) Zeytinyağını bir tavada orta ateşte ısıtın.

c) Doğranmış soğanı ekleyip yumuşayana kadar soteleyin.

d) Kıyılmış sarımsak ve doğranmış ıspanakları tavaya ekleyin. Ispanaklar suyunu çekene kadar pişirin.

e) Çırpılmış yumurtaları ıspanak karışımının üzerine tavaya dökün.

f) Yumurtaları, tamamen pişene ancak hala nemli olana kadar bir spatula ile yavaşça karıştırın.

g) Tavayı ocaktan alın.

h) İsteğe bağlı: İstenirse ufalanmış beyaz peyniri yumurtaların üzerine serpin ve karıştırarak karıştırın.

i) Yarıya bölünmüş kiraz domates ve doğranmış taze maydanozla süsleyin.

j) Ispanak ve Yumurta Karışımını sıcak olarak servis edin ve tadını çıkarın!

İÇİNDEKİLER:

- Yumurtalar
- Beyaz peynir, ufalanmış
- Kiraz domates, doğranmış
- Taze fesleğen, doğranmış
- Zeytin yağı

TALİMATLAR:

a) Bir kapta yumurtaları çırpın, tuz ve karabiberle tatlandırın.
b) Zeytinyağını tavada ısıtın ve yumurtaları çırpın.
c) Ufalanmış beyaz peynir ve doğranmış kiraz domatesleri ekleyin.
d) Yumurtalar tamamen pişene kadar pişirin.
e) Servis yapmadan önce üzerine taze doğranmış fesleğen serpin.

İÇİNDEKİLER:

- 2 dilim tam tahıllı ekmek, kızartılmış
- ½ bardak ricotta peyniri
- 1 bardak taze kiraz, çekirdeği çıkarılmış ve yarıya bölünmüş
- 1 yemek kaşığı bal
- 1 yemek kaşığı kıyılmış fıstık

TALİMATLAR:

a) Tam tahıllı ekmek dilimlerini dilediğiniz gibi kızartın.

b) Her dilim kızarmış ekmeğin üzerine bol miktarda ricotta peyniri sürün.

c) Ricotta'nın üzerine taze kiraz yarımlarını eşit şekilde yerleştirin.

d) Balın eşit şekilde dağılmasını sağlayarak kirazların üzerine gezdirin.

e) Daha fazla çıtırlık ve lezzet için tartinlerin üzerine doğranmış antep fıstığı serpin.

İÇİNDEKİLER:

- 1 su bardağı karışık meyveler
- 1 muz, dilimlenmiş ve dondurulmuş
- ½ bardak Yunan yoğurdu
- ½ su bardağı badem sütü
- 2 yemek kaşığı badem ezmesi

TALİMATLAR:

a) Bir karıştırıcıda karışık meyveleri, dondurulmuş muz dilimlerini, Yunan yoğurtunu, badem sütünü ve badem ezmesini birleştirin.

b) Pürüzsüz ve kremsi olana kadar karıştırın. Kıvamı çok koyu ise biraz daha badem sütü veya birkaç buz küpü ekleyip tekrar karıştırabilirsiniz.

c) Smoothie'yi kaselere dökün.

d) Smoothie kaselerini dilimlenmiş bademlerle doldurun.

İÇİNDEKİLER:

- 250 gr dondurulmuş meyveler
- 250 gr Yunan yoğurdu
- 50 ml süt
- 15 gr yulaf lapası
- 2 çay kaşığı bal (isteğe bağlı)

TALİMATLAR:

a) Meyveleri, yoğurdu ve sütü pürüzsüz hale gelinceye kadar çırpın.
Yulaf lapasını karıştırın ve bardaklara dökün.

b) Biraz bal serperek servis yapın.

22. Domatesli ve Beyaz Omlet

İÇİNDEKİLER:

- 2 çay kaşığı zeytinyağı
- 4 yumurta, dövülmüş
- 8 adet kiraz domates, doğranmış
- 50 gr beyaz peynir, ufalanmış
- servis için karışık salata yaprakları (isteğe bağlı)

TALİMATLAR:

a) Yağı bir tavada ısıtın, yumurtaları ekleyin ve ara sıra karıştırarak pişirin. Birkaç dakika sonra beyaz peynirleri ve domatesleri dağıtın. Servis yapmadan önce bir dakika daha pişirin.

b) Yağı kapaklı bir tavada ısıtın, ardından soğan, kırmızı biber, sarımsak ve kişniş saplarını yumuşayana kadar 5 dakika pişirin. Domatesleri karıştırın ve 8-10 dakika pişirin.

c) Büyük bir kaşığın arkasını kullanarak sosa 4 kez daldırın ve her birine birer yumurta kırın. Tavayı kapağını kapatın ve yumurtalar istediğiniz kıvama gelinceye kadar 6-8 dakika kısık ateşte pişirin.

d) Kişniş yapraklarını serpin ve ekmekle servis yapın.

İÇİNDEKİLER:
- Yunan yoğurt
- Bal
- Badem doğranmış
- Ceviz, doğranmış
- Taze meyveler (isteğe bağlı)

TALİMATLAR:
a) Yunan yoğurtunu bir kaseye dökün.
b) Yoğurdun üzerine balı gezdirin.
c) Üzerine kıyılmış badem ve cevizi serpin.
d) İstenirse taze meyveler ekleyin.

24. Akdeniz Kahvaltı Kasesi

İÇİNDEKİLER:
- Pişmiş quinoa
- Humus
- Salatalık, doğranmış
- Kiraz domates, yarıya
- Kalamata zeytinleri, dilimlenmiş

TALİMATLAR:
a) Kaşıkla pişmiş kinoayı bir kaseye alın.
b) Bir parça humus ekleyin.
c) Doğranmış salatalık, ikiye bölünmüş kiraz domates ve dilimlenmiş Kalamata zeytinlerini dağıtın.
d) Tadını çıkarmadan önce karıştırın.

ATIŞTIRMALIKLAR VEMEZELER

İÇİNDEKİLER:

- 8 küçük domates veya 3 büyük domates
- 4 adet haşlanmış yumurta, soğutulmuş ve soyulmuş
- 6 yemek kaşığı Aioli veya mayonez
- Tuz ve biber
- 1 yemek kaşığı maydanoz, doğranmış

TALİMATLAR:

a)   Domatesleri kaynar su dolu bir tencerede 10 saniye kadar soyduktan sonra buzlu veya aşırı soğuk su dolu bir leğene batırın.

b)   Domateslerin üst kısımlarını kesin. Bir çay kaşığı veya küçük, keskin bir bıçak kullanarak tohumları ve içlerini kazıyın.

c)   Yumurtaları Aioli (veya mayonez), tuz, karabiber ve maydanozla bir karıştırma kabında ezin.

d)   Domatesleri dolguyla doldurun ve sıkıca bastırın. Küçük domateslerin kapaklarını neşeli bir açıyla değiştirin.

e)   Domatesleri en üste kadar doldurun ve düzleşinceye kadar sıkıca bastırın. Keskin bir oyma bıçağı kullanarak halkalar halinde dilimlemeden önce 1 saat buzdolabında bekletin.

f)   Maydanozla süsleyin.

İÇİNDEKİLER:

- Labne (süzme yoğurt)
- Sızma zeytinyağı
- Za'atar baharat karışımı
- Pide ekmeği veya tam tahıllı krakerler
- Süslemek için taze nane yaprakları

TALİMATLAR:

a) Labneyi bir kaseye koyun.
b) Zeytinyağı gezdirin.
c) Üstüne Za'atar baharatı serpin.
d) Pide ekmeği veya kraker ile servis yapın.
e) Taze nane yapraklarıyla süsleyin.

İÇİNDEKİLER:

- 1 pound tuzlu morina, ıslatılmış
- 3 ½ ons kurutulmuş beyaz ekmek kırıntıları
- ¼ pound unlu patates, haşlanmış ve püre haline getirilmiş
- Sığ kızartma için zeytinyağı
- Aioli

TALİMATLAR:

a)   Bir tencerede sütü ve taze soğanların yarısını birleştirin, kaynatın ve ıslatılmış morina balığını kolayca pul pul dökülene kadar 10-15 dakika haşlayın. Kemiklerini ve derisini çıkarın, ardından morina balığını bir kaseye parçalayın.

b)   4 yemek kaşığı patates püresini morinayla birlikte ekleyip tahta kaşıkla karıştırın.

c)   Zeytinyağını karıştırın, ardından kalan patates püresini yavaş yavaş ekleyin. Kalan taze soğanları ve maydanozu bir karıştırma kabında birleştirin.

d)   Tatlandırmak için limon suyu ve karabiber ekleyin.

e)   Bir yumurtayı ayrı bir kapta iyice karışana kadar çırpın, ardından katılaşana kadar soğutun.

f)   Soğutulmuş balık karışımını 12-18 top halinde yuvarlayın, ardından yavaşça küçük yuvarlak kekler halinde düzleştirin. Her birini unlayın, çırpılmış yumurtaya batırın ve kuru galeta unu ile kaplayın. Kızartmaya hazır olana kadar buzdolabında saklayın.

g)   Büyük, ağır bir kızartma tavasında yaklaşık ¾ inçlik yağı ısıtın. Börekleri orta-yüksek ateşte yaklaşık 4 dakika pişirin.

h)   Onları ters çevirin ve 4 dakika daha veya diğer tarafı gevrek ve altın rengi olana kadar pişirin.

i)   Aioli ile servis yapmadan önce kağıt havluların üzerine boşaltın.

İÇİNDEKİLER:

- 3 ½ ons tereyağı
- 4 ons sade un
- 1 ¼ pint soğuk süt
- 14 ons pişmiş soyulmuş karides, doğranmış
- Kızartmak için zeytinyağı

TALİMATLAR:

a)   Orta boy bir tencerede tereyağını eritin ve sürekli karıştırarak unu ekleyin.

b)   Kalın, pürüzsüz bir sos elde edene kadar sürekli karıştırarak, soğutulmuş sütü yavaşça gezdirin.

c)   Karidesleri ekleyin, tuz ve karabiberle iyice baharatlayın, ardından domates salçasını ekleyip çırpın. 7 ila 8 dakika daha pişirin.

d)   Karışımdan az bir çorba kaşığı alın ve kroket oluşturmak için 1 ½ - 2 inçlik bir silindire yuvarlayın.

e)   Büyük, kalın tabanlı bir tavada, derin kızartma için yağı 350°F'ye ulaşana kadar veya bir küp ekmek 20-30 saniye içinde altın rengi kahverengiye dönene kadar ısıtın.

f)   Kroketleri en fazla 3 veya 4'lü gruplar halinde yaklaşık 5 dakika, altın rengi kahverengi olana kadar kızartın.

g)   Delikli bir kaşık kullanarak kroketleri çıkarın, mutfak kağıdına boşaltın ve hemen servis yapın.

İÇİNDEKİLER:

- ½ pound küçük karides, soyulmuş
- 1½ su bardağı nohut veya normal un
- 1 yemek kaşığı doğranmış taze düz yapraklı maydanoz
- 3 yeşil soğan, beyaz kısmı ve biraz yeşil üst kısmı, ince doğranmış
- ½ çay kaşığı tatlı kırmızı biber/pimentón

TALİMATLAR:

a)   Karidesleri bir tencerede, üzerini geçecek kadar suyla pişirin ve yüksek ateşte kaynatın.

b)   Hamuru elde etmek için bir kapta un, maydanoz, yeşil soğan ve yenibaharı birleştirin. Bir tutam tuz ve soğutulmuş pişirme suyunu ekleyin.

c)   Gözleme hamurundan biraz daha kalın bir doku elde edene kadar karıştırın veya işleyin. 1 saat buzdolabında bekletin.

d)   Karidesleri ince ince kıyın.

e)   Hamuru buzdolabından çıkarın ve kıyılmış karidesleri karıştırın.

f)   Ağır bir sote tavasında zeytinyağını neredeyse duman çıkana kadar yüksek ateşte ısıtın.

g)   Her börek için 1 çorba kaşığı hamurdan yağın içine dökün, 3 ½ inç çapında düzleştirin.

h)   Her iki tarafını da yaklaşık 1 dakika veya börekler altın sarısı ve gevrek oluncaya kadar kızartın.

i)   Delikli bir kaşık kullanarak köfteleri çıkarın ve fırına dayanıklı bir tabağa koyun.

j)   Hemen servis yapın.

İÇİNDEKİLER:

- 1 pound taze kalamar, temizlenmiş ve halkalar halinde dilimlenmiş
- ½ su bardağı zeytinyağı
- 2 diş sarımsak, kıyılmış
- 1 yemek kaşığı taze biberiye, ince doğranmış
- 1 çay kaşığı kırmızı pul biber (damak tadınıza göre ayarlayın)

TALİMATLAR:

a)   Zeytinyağını büyük bir tavada orta ateşte ısıtın.

b)   Tavaya kıyılmış sarımsak, doğranmış biberiye ve kırmızı pul biber ekleyin. Sarımsağın kokusu çıkana kadar 1-2 dakika pişirin.

c)   Dilimlenmiş kalamarları aromalı yağla kaplamak için karıştırarak tavaya ekleyin. 2-3 dakika veya kalamar opaklaşıp iyice pişene kadar pişirin.

d)   Tatmak için tuz ve karabiber ekleyin.

e)   Tavayı ateşten alıp kalamarları servis tabağına aktarın.

f)   Kalan aromalı yağı kalamarın üzerine gezdirin.

g)   Kıyılmış taze maydanozla süsleyin ve yanında limon dilimleri ile sıcak olarak servis yapın.

İÇİNDEKİLER:

- 1 paket üç renkli peynirli tortellini
- ½ bardak doğranmış pepperoni
- ¼ bardak dilimlenmiş yeşil soğan
- 1 adet küp küp doğranmış yeşil biber
- 1 su bardağı ikiye bölünmüş kiraz domates

TALİMATLAR:

a) Tortelliniyi paketteki talimatlara göre pişirin, ardından süzün.

b) Tortelliniyi doğranmış pepperoni, dilimlenmiş yeşil soğan, doğranmış yeşil dolmalık biber, ikiye bölünmüş kiraz domates ve istediğiniz diğer malzemelerle birlikte büyük bir karıştırma kabına atın.

c) Üzerine İtalyan sosunu gezdirin.

d) Birleştirmek için her şeyi bir araya atın.

e) Servis yapmadan önce soğuması için 2 saat bekletin.

İÇİNDEKİLER:
- 2 su bardağı pişmiş penne makarna
- 1 bardak pesto
- 2 adet doğranmış domates
- 1 su bardağı doğranmış mozzarella peyniri
- Tatmak için biber ve tuz

TALİMATLAR:
a) Makarnayı paketteki talimatlara göre pişirin, ardından süzün.
b) Büyük bir karıştırma kabında makarnayı pesto, doğranmış domates ve doğranmış mozzarella peyniri ile birleştirin.
c) Tuz, karabiber ve kekik ile tatlandırın.
d) Üzerine kırmızı şarap sirkesini gezdirin.
e) Servis etmeden önce 1 saat buzdolabında bekletin.

İÇİNDEKİLER:

- 1 su bardağı çekirdeği çıkarılmış ve doğranmış Roma domatesi
- ¼ bardak doğranmış fesleğen
- ½ bardak rendelenmiş pecorino peyniri
- 1 diş kıyılmış sarımsak
- 1 yemek kaşığı balzamik sirke

TALİMATLAR:

a)   Bir karıştırma kabında doğranmış domatesleri, doğranmış fesleğeni, rendelenmiş pecorino peynirini ve kıyılmış sarımsağı birleştirin.

b)   Küçük bir karıştırma kabında balzamik sirkeyi ve 1 yemek kaşığı zeytinyağını birlikte çırpın; bir kenara koyun.

c)   Fransız ekmeği dilimlerini zeytinyağıyla gezdirin ve üzerine sarımsak tozu ve fesleğen serpin.

d)   Ekmek dilimlerini bir fırın tepsisine yerleştirin ve 350 derecede 5 dakika kızartın.

e)   Fırından çıkarın ve kızartılmış ekmeğin üzerine domates ve peynir karışımını ekleyin.

f)   Gerekirse tuz ve karabiber ekleyin.

g)   Derhal servis yapın.

İÇİNDEKİLER:

- 1 pound ufalanmış öğütülmüş sosis
- 2 su bardağı Bisquick karışımı
- 1 doğranmış soğan
- 3 diş kıyılmış sarımsak
- 2 su bardağı rendelenmiş mozarella peyniri

TALİMATLAR:

a) Fırını önceden 400 Fahrenheit dereceye ısıtın.

b) Ufalanmış sosis, Bisquick karışımı, doğranmış soğan, kıyılmış sarımsak ve rendelenmiş mozzarella peynirini bir kasede karıştırın.

c) Karışımın çalışılabilir hale gelmesi için yeterli miktarda su ekleyin.

d) Karışımı 1 inçlik toplara yuvarlayın.

e) Topları hazırlanmış bir fırın tepsisine yerleştirin.

f) Pizza toplarının üzerine parmesan peynirini gezdirin.

g) Önceden ısıtılmış fırında 350°F'de 20 dakika pişirin.

h) Kalan pizza sosunu daldırmak için yan tarafa koyarak servis yapın.

İÇİNDEKİLER:

- ½ bardak ince dilimlenmiş prosciutto
- 3 Yemek kaşığı krem peynir
- 1 kiloluk tarak
- 3 Yemek kaşığı zeytinyağı
- 3 diş kıyılmış sarımsak

TALİMATLAR:

a)   Her prosciutto dilimine küçük bir kaplama krem peynir uygulayın.

b)   Daha sonra her bir deniz tarağının etrafına bir dilim prosciutto sarın ve bir kürdan ile sabitleyin.

c)   Bir tavada zeytinyağını ısıtın.

d)   Sarımsakları tavada 2 dakika pişirin.

e)   Folyoya sarılı deniz taraklarını ekleyin ve her iki tarafını da 2 dakika pişirin.

f)   Fazla sıvıyı kağıt havluyla sıkın.

İÇİNDEKİLER:

- 3 Yemek Kaşığı Bal
- 3 patlıcan
- 2 su bardağı Süt
- 1 Yemek kaşığı tuz
- 100g Un

TALİMATLAR:

a) Patlıcanları ince ince dilimleyin.

b) Bir karıştırma kabında patlıcanları birleştirin. Patlıcanların üzerini tamamen kaplayacak kadar sütü leğene dökün. Bir tutam tuzla tatlandırın.

c) Islatılması için en az bir saat bekletin.

d) Patlıcanları sütün içinden alıp bir kenara koyun. Her dilimi un ve tuz-biber karışımıyla kaplayın.

e) Bir tavada zeytinyağını ısıtın. Patlıcan dilimlerini 180 derecede kızartın.

f) Kızaran patlıcanları fazla yağını alması için kağıt havlu üzerine koyun.

g) Patlıcanları bal ile yağlayın.

h) Derhal servis yapın.

37. Közlenmiş Kırmızı Biber ve Feta Dip

İÇİNDEKİLER:

- 1 su bardağı közlenmiş kırmızı biber (kavanozdan), süzülmüş
- 1/2 bardak beyaz peynir, ufalanmış
- 2 yemek kaşığı sızma zeytinyağı
- 1 çay kaşığı kurutulmuş kekik
- 1 diş sarımsak, kıyılmış

TALİMATLAR:

a) Bir mutfak robotunda kavrulmuş kırmızı biberleri, beyaz peyniri, zeytinyağını, kıyılmış sarımsağı ve kekiği pürüzsüz hale gelinceye kadar karıştırın.

b) Bir servis tabağına aktarın.

c) Pide cipsi veya sebze çubukları ile servis yapın.

38. Elma Şarabında Pişmiş Sosis

İÇİNDEKİLER:

- 2 bardak elma şarabı
- 8 chorizo sosisi
- 1 Yemek kaşığı zeytinyağı

TALİMATLAR:
a) Chorizoyu ince dilimler halinde kesin.
b) Bir tavada yağı ısıtın. Fırını orta dereceye kadar önceden ısıtın.
c) Chorizo'yu atın. Yemeğin rengi değişene kadar kızartın.
d) Şarabı dökün. 10 dakika veya sos biraz koyulaşana kadar pişirin.
e) Bu yemeğin yanında ekmek servis edilmelidir.
f) Eğlence!

İÇİNDEKİLER:

- 1 kutu Hilal Rulo (8 rulo)
- 1 su bardağı doğranmış, pişmiş tavuk
- 1 yemek kaşığı Spagetti sosu
- ½ çay kaşığı Kıyılmış sarımsak
- 1 yemek kaşığı Mozzarella peyniri

TALİMATLAR:

a) Fırını önceden 350 Fahrenheit dereceye ısıtın.

b) Tavuğu, sosu ve sarımsağı bir tavada birleştirin ve ısınana kadar pişirin.

c) Ayrı hilal rulolarından üçgenler yapın.

d) Tavuklu karışımı her üçgenin ortasına paylaştırın.

e) İstenirse peyniri de aynı şekilde dağıtın.

f) Rulonun kenarlarını birbirine sıkıştırın ve tavuğun etrafına sarın.

g) Bir fırın taşı üzerinde 15 dakika veya altın rengi olana kadar pişirin.

40. İspanyol Sığır Kebapları

İÇİNDEKİLER:

- ½ su bardağı portakal suyu
- 2 çay kaşığı Zeytinyağı
- 1½ çay kaşığı Limon suyu
- 1 çay kaşığı Kurutulmuş kekik
- 10 ons Kemiksiz yağsız sığır eti, 2 "küp halinde kesilmiş

TALİMATLAR:

a) Marine sosunu hazırlamak için portakal suyu, zeytinyağı, limon suyu ve kurutulmuş kekiği bir kasede birleştirin.

b) Sığır küplerini marineye ekleyin ve kaplayın. En az 2 saat veya gece boyunca buzdolabında bekletin.

c) Izgarayı önceden ısıtın ve rafı yapışmaz pişirme spreyi ile kaplayın.

d) Marine edilmiş dana etlerini şişlere geçirin.

e) Kebapları 15-20 dakika ızgarada pişirin, döndürün ve ayırdığınız turşuyla sık sık fırçalayın, beğeninize göre pişene kadar.

f) Sıcak servis yapın.

İÇİNDEKİLER:

- 1 bardak humus
- 1 olgun avokado, doğranmış
- 1 yemek kaşığı limon suyu
- 1 yemek kaşığı kıyılmış taze maydanoz
- 1 yemek kaşığı çam fıstığı (isteğe bağlı)

TALİMATLAR:

a) Bir kasede doğranmış avokadoyu yavaşça humusun içine katlayın.
b) Karışımın üzerine limon suyunu gezdirin.
c) Kıyılmış maydanoz ve çam fıstığı serpin.
d) Tam tahıllı krakerler veya salatalık dilimleri ile servis yapın.

42. Akdeniz Domates Bruschetta

İÇİNDEKİLER:

- 4 adet olgun domates, doğranmış
- 1/4 bardak taze fesleğen, doğranmış
- 2 yemek kaşığı sızma zeytinyağı
- 1 diş sarımsak, kıyılmış
- Tatmak için biber ve tuz

TALİMATLAR:

a) Bir kapta doğranmış domatesleri, doğranmış fesleğeni, kıyılmış sarımsağı ve zeytinyağını birleştirin.

b) Tuz ve karabiberle tatlandırın.

c) Karışımın 15-20 dakika kadar marine edilmesine izin verin.

d) Domates karışımını kızarmış baget dilimlerinin üzerine kaşıkla dökün.

43. Çıtır İtalyan Patlamış Mısır Karışımı

İÇİNDEKİLER:

- 10 su bardağı patlamış mısır
- 3 bardak Borazan şeklinde mısır atıştırmalıkları
- ¼ su bardağı Margarin veya tereyağı
- 1 çay kaşığı İtalyan baharatı
- ⅓ bardak Parmesan peyniri

TALİMATLAR:

a) Mikrodalgaya uygun büyük bir kapta patlamış mısır ve mısır atıştırmalıklarını birleştirin.

b) 1 bardaklık mikro güvenli ölçülerde peynir dışındaki kalan malzemeleri birleştirin.

c) 1 dakika boyunca YÜKSEK sıcaklıkta veya margarin eriyene kadar mikrodalgada tutun; karıştırmak. Patlamış mısır karışımını üstüne dökün.

d) Her şey eşit şekilde kaplanana kadar fırlatın. Mikrodalga, üstü açık, kızarana kadar 2-4 dakika boyunca, her dakika karıştırarak. Üzerine parmesan peyniri serpilmelidir.

e) Sıcak servis yapın.

İÇİNDEKİLER:

- 1 bardak közlenmiş kırmızı biber (mağazadan satın alınmış veya ev yapımı)
- ½ su bardağı beyaz peynir, ufalanmış
- 1 diş sarımsak, kıyılmış
- 1 çay kaşığı limon suyu
- Tatmak için biber ve tuz

TALİMATLAR:

a) Bir mutfak robotunda tüm malzemeleri pürüzsüz hale gelinceye kadar birleştirin.
b) Sosu tam tahıllı pide cipsleriyle servis edin.

45. Tavuk Pintxo

İÇİNDEKİLER:

- 1,8 pound derisiz, kemiksiz tavuk uylukları (1 "parçalar halinde kesilmiş)
- 1 yemek kaşığı İspanyol füme kırmızı biber
- 1 çay kaşığı kurutulmuş kekik
- ¾ çay kaşığı deniz tuzu
- ¼ bardak sızma zeytinyağı

TALİMATLAR:

a) Büyük bir karıştırma kabında tavuk butlarını, füme kırmızı biberi, kurutulmuş kekik, deniz tuzunu ve zeytinyağını birleştirin. Tavuk parçalarını kaplamak için iyice atın. Gece boyunca buzdolabında marine edilmesine izin verin.

b) Bambu şişlerini 30 dakika suda bekletin. Marine edilmiş tavuk parçalarını ıslatılmış şişlerin üzerine dizin.

c) 8-10 dakika veya iyice pişene kadar ızgara yapın. Servis yapın ve tadını çıkarın!

46. Beyaz Peynir ve Karpuz Lokmaları

İÇİNDEKİLER:

- 1 su bardağı karpuz, lokma büyüklüğünde küpler halinde kesilmiş
- ½ su bardağı beyaz peynir, küçük küpler halinde kesilmiş
- Taze nane yaprakları
- Balzamik sır (isteğe bağlı)

TALİMATLAR:

a)   Bir karpuz küpünü, ardından bir beyaz küp küpü kürdan veya küçük şişlerin üzerine geçirin.

b)   Servis tabağına şişleri dizin.

c)   Taze nane yapraklarıyla süsleyin.

d)   İstenirse balzamik sırla gezdirin.

e)   Hem lezzetli hem de taze ve canlı lezzetlerle dolu bu Akdeniz atıştırmalıklarının tadını çıkarın!

İÇİNDEKİLER:

- çeri domatesler
- Taze mozarella topları
- Taze fesleğen yaprakları
- Balzamik sır
- Kürdan

TALİMATLAR:

a) Her kürdanın üzerine bir kiraz domates, bir mozzarella topu ve bir fesleğen yaprağı geçirin.

b) Servis tabağına dizin.

c) Servis yapmadan hemen önce balzamik sırla gezdirin.

İÇİNDEKİLER:

- 1 bardak humus
- 2 yemek kaşığı sızma zeytinyağı
- 1 çay kaşığı kırmızı biber
- 1 yemek kaşığı kıyılmış taze maydanoz
- 1 diş sarımsak, kıyılmış

TALİMATLAR:

a) Bir kapta humus ve kıyılmış sarımsağı karıştırın.
b) Humusun üzerine zeytinyağını gezdirin.
c) Üzerine pul biber ve kıyılmış maydanoz serpin.
d) Pide ekmeği veya taze sebze çubukları ile servis yapın.

İÇİNDEKİLER:

- 1 su bardağı Kalamata zeytini, çekirdekleri çıkarılmış
- 1 su bardağı beyaz peynir, ufalanmış
- 2 yemek kaşığı sızma zeytinyağı
- 1 çay kaşığı kurutulmuş kekik
- 1 limon kabuğu rendesi ve

TALİMATLAR:

a) Bir mutfak robotunda zeytinleri, beyaz peyniri, zeytinyağını ve kekiği birleştirin.
b) Karışım istediğiniz kıvama gelinceye kadar nabız atın.
c) Limon kabuğu rendesini karıştırın.
d) Kraker veya dilimlenmiş baget ile servis yapın.

İÇİNDEKİLER:

- 1 bardak Yunan yoğurdu
- 1 salatalık, ince doğranmış
- 1 yemek kaşığı taze dereotu, doğranmış
- 1 diş sarımsak, kıyılmış
- Tatmak için biber ve tuz

TALİMATLAR:

a)   Bir kasede Yunan yoğurdu, doğranmış salatalık, kıyılmış sarımsak ve doğranmış taze dereotu karıştırın.

b)   Tatmak için tuz ve karabiber ekleyin.

c)   En az 30 dakika buzdolabında soğutun.

d)   Salatalık dilimleri veya pide cipsleri ile servis yapın.

51. Akdeniz Yaprak Sarması

İÇİNDEKİLER:

- 1 kavanoz üzüm yaprağı, süzülmüş
- 1 su bardağı pişmiş kinoa
- 1/2 su bardağı ufalanmış beyaz peynir
- 1/4 bardak Kalamata zeytini, doğranmış
- 2 yemek kaşığı sızma zeytinyağı

TALİMATLAR:

a) Bir kasede pişmiş kinoa, beyaz peynir ve doğranmış Kalamata zeytinlerini karıştırın.

b) Üzüm yaprağını düz bir yüzeye koyun, bir kaşık kinoa karışımını ekleyin ve sıkı bir silindir şeklinde yuvarlayın.

c) Tüm üzüm yaprakları dolana kadar işlemi tekrarlayın.

d) Doldurulmuş üzüm yapraklarının üzerine zeytinyağını gezdirin.

e) Soğutulmuş hizmet.

ANA DİL

İÇİNDEKİLER:

- 1 su bardağı pişmiş kinoa
- 1 su bardağı kiraz domates, ikiye bölünmüş
- 1 salatalık, doğranmış
- ½ bardak nohut, süzülmüş ve durulanmış
- ¼ bardak Kalamata zeytini, dilimlenmiş

TALİMATLAR:

a) Bir kasede pişmiş kinoa, kiraz domates, salatalık, nohut ve Kalamata zeytinlerini birleştirin.
b) Malzemeleri birlikte atın.
c) Taze maydanozla süsleyin.
d) Oda sıcaklığında veya soğuk servis edin.

İÇİNDEKİLER:

- ¼ su bardağı un
- Tatmak için biber ve tuz
- 4 kemiksiz tavuk göğsü, dövülmüş
- ¼ fincan tereyağı
- 1 bardak marsala

TALİMATLAR:

a) Bir karıştırma kabında un, tuz ve karabiberi birleştirin.

b) Dövülmüş tavuk göğüslerini un karışımına bulayın.

c) Büyük bir tavada tereyağını eritin.

d) Taranan tavuk göğüslerinin her iki tarafını da 4'er dakika pişirin.

e) Aynı tavaya marsalayı ekleyin ve tavuğu kısık ateşte 10 dakika daha pişirin.

f) Pişen tavukları servis tabağına aktarın.

İÇİNDEKİLER:

- 1 tam tahıllı sarma veya gözleme
- 2 yemek kaşığı humus
- ½ su bardağı karışık salata yeşillikleri
- ¼ bardak salatalık, ince dilimlenmiş
- ¼ bardak kiraz domates, yarıya bölünmüş

TALİMATLAR:

a) Humus'u tam tahıllı ambalajın üzerine eşit şekilde yayın.
b) Karışık salata yeşilliklerini, salatalıkları ve kiraz domatesleri katlayın.
c) Ruloyu sıkıca sarın ve ikiye bölün.

İÇİNDEKİLER:
- ¼ fincan tereyağı
- ½ su bardağı rendelenmiş parmesan peyniri
- ½ bardak Panko galeta unu
- 1 ¼ bardak keskin kaşar peyniri
- 8 tavuk göğsü

TALİMATLAR:
a) Fırını önceden 350 Fahrenheit dereceye ısıtın.
b) Bir tavada tereyağını eritip kıyılmış sarımsağı 5 dakika kavurun.
c) İçinde A büyük karıştırma tas, birleştirmek Parmesan Peyniri peynir, Pankogaleta unu, kaşar peyniri, İtalyan baharatı, tuz ve karabiber.
d) Her bir tavuk göğsünü eritilmiş tereyağına batırın ve ardından galeta unu karışımıyla kaplayın.
e) Kaplanmış her tavuk göğsünü bir fırın tepsisine yerleştirin.
f) Kalan tereyağını da üzerine gezdirin.
g) Fırını önceden 350°F'ye ısıtın ve 30 dakika pişirin.
h) Daha fazla gevreklik için, 2 dakika boyunca ızgaranın altına koyun.

İÇİNDEKİLER:

- 1 paket linguine makarna
- 1 Yemek kaşığı zeytinyağı
- 1 su bardağı dilimlenmiş mantar
- ½ bardak ağır krema
- 1 bardak pesto

TALİMATLAR:

a) Makarnayı paketteki talimatlara göre pişirin, ardından süzün.

b) Bir tavada zeytinyağını ısıtın ve dilimlenmiş mantarları 5 dakika pişirin.

c) Yoğun kremayı karıştırın, tuz, karabiber ve kırmızı biberle tatlandırın ve 5 dakika pişirin.

d) Rendelenmiş Pecorino Romano peynirini ekleyip eriyene kadar çırpın.

e) Pesto ve pişmiş karidesleri ekleyip 5 dakika daha pişirin.

f) Pişen makarnayı sosla kaplayın.

İÇİNDEKİLER:

- 1 orta boy soğan (dilimlenmiş veya doğranmış)
- 1 diş sarımsak
- 1 Kabak (doğranmış)
- 1 kutu domates (doğranmış)
- 3 Yemek kaşığı zeytinyağı

TALİMATLAR:

a) Bir tavaya zeytinyağını dökün.
b) Soğanları atın. Orta ateşte 4 dakika kızartma süresi tanıyın.
c) Sarımsakları atın ve 2 dakika daha kızartmaya devam edin.
d) Tavaya doğranmış kabak ve domatesleri ekleyin. Tuz ve karabiberle tatlandırın.
e) 30 dakika veya bitene kadar pişirin.
f) Arzu ederseniz taze maydanozla süsleyin.
g) Garnitür olarak pilav veya kızarmış ekmekle servis yapın.

İÇİNDEKİLER:

- 2 diş sarımsak (dilimlenmiş)
- 2 yemek kaşığı zeytinyağı
- 1 rezene ampulü
- 600 gr kiraz domates
- 15 adet soyulmuş büyük boy karides

TALİMATLAR:

a) Büyük bir tencerede yağı ısıtın. Dilimlenmiş sarımsakları altın kahverengi olana kadar kızartın.

b) Rezeneyi tavaya ekleyin ve kısık ateşte 10 dakika pişirin.

c) Büyük bir karıştırma kabında domates, tuz, karabiber, manzanilla şeri ve beyaz şarabı birleştirin. Sos koyulaşıncaya kadar 7 dakika kadar kaynatın.

d) Soyulmuş karidesleri üstüne yerleştirin ve 5 dakika veya karidesler pembeleşene kadar pişirin.

e) Maydanoz yapraklarıyla süsleyin.

f) Yanında ekmekle servis yapın.

İÇİNDEKİLER:

- 4 somon filetosu
- 2 yemek kaşığı zeytinyağı
- 2 yemek kaşığı limon suyu
- 2 diş sarımsak, kıyılmış
- 1 çay kaşığı kurutulmuş kekik

TALİMATLAR:

a) Fırını 200°C'ye (400°F) önceden ısıtın.

b) Küçük bir kapta zeytinyağı, limon suyu, kıyılmış sarımsak, kurutulmuş kekik, tuz ve karabiberi karıştırın.

c) Somon filetolarını parşömen kağıdıyla kaplı bir fırın tepsisine yerleştirin.

d) Somonu zeytinyağı karışımıyla fırçalayın.

e) Önceden ısıtılmış fırında 20-25 dakika veya somon iyice pişene kadar pişirin.

f) Fırında Akdeniz Somonunu en sevdiğiniz tahıllardan oluşan bir yatağın üzerinde veya taze bir salatanın yanında servis edin.

İÇİNDEKİLER:

- 1 doğranmış soğan
- 2 yemek kaşığı zeytinyağı
- 2 adet doğranmış kereviz sapı
- 3 diş kıyılmış sarımsak
- 4 bardak konserve cannellini fasulyesi

TALİMATLAR:

a) Büyük bir tavada yağı ısıtın.

b) Kereviz ve soğanı yaklaşık 5 dakika pişirin.

c) Kıyılmış sarımsağı ekleyin ve birleştirmek için karıştırın. 30 saniye daha pişirin.

d) Konserve cannellini fasulyesini, 2 bardak tavuk suyunu, biberiyeyi, tuzu, karabiberi ve brokoliyi ekleyin.

e) Sıvıyı kaynatın ve ardından 20 dakika kısık ateşte pişirin.

f) Çorbayı istenilen pürüzsüzlüğe ulaşana kadar el blenderiyle karıştırın.

g) Isıyı en aza indirin ve trüf yağını serpin.

h) Çorbayı tabaklara paylaştırıp servis yapın.

İÇİNDEKİLER:

- 1/2 su bardağı zeytinyağı
- 1 limonun suyu
- 2 çay kaşığı deniz tuzu
- 24 orta-büyük karides, kafaları sağlam, kabuklu

TALİMATLAR:

a)   Bir karıştırma kabında zeytinyağı, limon suyu ve tuzu birleştirin ve iyice birleşene kadar çırpın. Karidesleri hafifçe kaplamak için onları birkaç saniye karışıma batırın.

b)   Kuru bir tavada yağı yüksek ateşte ısıtın. Gruplar halinde çalışarak, çok sıcak olduğunda karidesleri tavayı doldurmadan tek bir katman halinde ekleyin. 1 dakika kızartma

c)   Isıyı orta dereceye düşürün ve bir dakika daha pişirin. Isıyı en yükseğe çıkarın ve karidesleri 2 dakika daha veya altın rengi olana kadar kızartın.

d)   Karidesleri, fırına dayanıklı bir tabakta, düşük sıcaklıkta sıcak tutun.

e)   Kalan karidesleri de aynı şekilde pişirin.

İÇİNDEKİLER:

- 4 kemiksiz, derisiz tavuk göğsü
- 2 limon
- 2 yemek kaşığı zeytinyağı
- 2 çay kaşığı kurutulmuş kekik
- Tatmak için biber ve tuz

TALİMATLAR:

a) Izgarayı orta-yüksek ısıya kadar önceden ısıtın.

b) Bir kasede bir limonun suyunu, zeytinyağını, kurutulmuş kekiği, tuzu ve karabiberi karıştırın.

c) Tavuk göğüslerini açılıp kapanabilir bir plastik torbaya koyun ve üzerine turşuyu dökün. Torbayı kapatın ve en az 30 dakika marine edilmesini bekleyin.

d) Tavuğu her tarafı yaklaşık 6-8 dakika veya tamamen pişene kadar ızgarada pişirin.

e) Servis yapmadan önce kalan limonun suyunu ızgara tavuğun üzerine sıkın.

İÇİNDEKİLER:

- 8 ons tam buğdaylı spagetti
- 2 su bardağı kiraz domates, ikiye bölünmüş
- 1/4 bardak taze fesleğen, doğranmış
- 2 yemek kaşığı sızma zeytinyağı
- 2 diş sarımsak, kıyılmış

TALİMATLAR:
a) Spagettiyi paket talimatlarına göre pişirin.
b) Büyük bir kapta kiraz domatesleri, taze fesleğeni, zeytinyağını ve kıyılmış sarımsağı birleştirin.
c) Haşlanmış spagettiyi kaseye atın ve iyice birleşene kadar karıştırın.
d) İsteğe bağlı olarak ilave taze fesleğen ile süslenerek hemen servis yapın.

İÇİNDEKİLER:

- 4 somon filetosu
- 1 su bardağı kiraz domates, doğranmış
- 1/2 salatalık, doğranmış
- 1/4 bardak Kalamata zeytini, dilimlenmiş
- 2 yemek kaşığı sızma zeytinyağı
- 1 yemek kaşığı taze limon suyu

TALİMATLAR:

a) Fırını 200°C'ye (400°F) önceden ısıtın.

b) Somon filetolarını parşömen kağıdıyla kaplı bir fırın tepsisine yerleştirin.

c) Salsayı hazırlamak için bir kasede doğranmış kiraz domatesleri, salatalık, zeytin, zeytinyağı ve limon suyunu birleştirin.

d) Somon filetolarının üzerine salsayı kaşıkla dökün.

e) 15-20 dakika veya somon iyice pişene kadar pişirin.

İÇİNDEKİLER:
- 2 kutu (her biri 15 oz) nohut, süzülmüş ve durulanmış
- 1 soğan, doğranmış
- 3 diş sarımsak, kıyılmış
- 1 kutu (14 oz) doğranmış domates
- 4 su bardağı taze ıspanak
- Tatmak için biber ve tuz

TALİMATLAR:
a) Geniş bir tencerede doğranmış soğan ve sarımsağı yumuşayana kadar soteleyin.
b) Nohutları ve doğranmış domatesleri suyuyla birlikte ekleyin. İyice karıştırın.
c) 15-20 dakika kadar kaynatıp tatların birbirine geçmesini sağlayın.
d) Taze ıspanakları ekleyip suyunu çekene kadar pişirin.
e) Servis yapmadan önce tadına bakmak için tuz ve karabiber serpin.

66.Limonlu Sarımsaklı Karides Şiş

İÇİNDEKİLER:

- 1 kiloluk büyük karides, soyulmuş ve ayrılmış
- 3 yemek kaşığı zeytinyağı
- 3 diş sarımsak, kıyılmış
- 1 limon kabuğu rendesi ve
- 2 yemek kaşığı taze maydanoz, doğranmış

TALİMATLAR:

a) Izgarayı veya ızgara tavasını önceden ısıtın.

b) Bir kapta zeytinyağını, kıyılmış sarımsağı, limon kabuğu rendesini ve kıyılmış maydanozu karıştırın.

c) Karidesleri şişlere geçirin ve üzerine limon-sarımsak karışımını sürün.

d) Karides şişlerinin her tarafını 2-3 dakika veya opaklaşana kadar ızgara yapın.

e) İlave limon dilimleri ile servis yapın.

İÇİNDEKİLER:

- 1 büyük patlıcan, doğranmış
- 1 kutu (15 oz) nohut, süzülmüş ve durulanmış
- 1 kutu (14 oz) doğranmış domates
- 1 soğan, doğranmış
- 2 yemek kaşığı zeytinyağı

TALİMATLAR:

a) Geniş bir tencerede yemeklik doğranmış soğanı zeytinyağında yumuşayana kadar kavurun.
b) Suyuyla birlikte doğranmış patlıcan, nohut ve doğranmış domatesleri ekleyin.
c) 20-25 dakika veya patlıcanlar yumuşayana kadar pişirin.
d) Servis yapmadan önce tadına bakmak için tuz ve karabiber serpin.

İÇİNDEKİLER:
- 4 morina filetosu
- 2 limonun suyu
- 3 yemek kaşığı zeytinyağı
- 2 çay kaşığı kurutulmuş kekik
- Tatmak için biber ve tuz

TALİMATLAR:
a) Fırını 200°C'ye (400°F) önceden ısıtın.
b) Morina filetolarını bir fırın tepsisine yerleştirin.
c) Bir kapta limon suyu, zeytinyağı, kurutulmuş kekik, tuz ve karabiberi karıştırın.
d) Karışımı morina filetolarının üzerine dökün.
e) 15-20 dakika ya da morina çatalla kolayca parçalanıncaya kadar pişirin.

İÇİNDEKİLER:

- 1 su bardağı pişmiş mercimek
- 1 salatalık, doğranmış
- 1 su bardağı kiraz domates, ikiye bölünmüş
- 1/4 bardak kırmızı soğan, ince doğranmış
- 2 yemek kaşığı balzamik sirke

TALİMATLAR:

a) Büyük bir kapta pişmiş mercimek, doğranmış salatalık, kiraz domates ve doğranmış kırmızı soğanı birleştirin.

b) Balzamik sirkeyi gezdirin ve birleştirmek için fırlatın.

c) Doyurucu bir mercimek salatası olarak servis yapın.

İÇİNDEKİLER:

- 1 kiloluk tavuk göğsü, pişmiş ve dilimlenmiş
- Tam buğdaylı pide ekmeği
- 1 bardak Yunan yoğurdu
- 1 salatalık, ince dilimlenmiş
- 1/2 su bardağı ufalanmış beyaz peynir

TALİMATLAR:
a) Pide ekmeğini ısıtın.
b) Pidenin iç kısmına Yunan yoğurdu sürün.
c) Dilimlenmiş tavuk, salatalık ve ufalanmış beyaz peynirle doldurun.
d) Katlayın ve lezzetli bir Yunan tavuk sarması olarak servis yapın.

İÇİNDEKİLER:
- 4 dolmalık biber, ikiye bölünmüş ve çekirdekleri çıkarılmış
- 2 su bardağı taze ıspanak, doğranmış
- 1 su bardağı beyaz peynir, ufalanmış
- 1 kutu (14 oz) doğranmış domates, süzülmüş
- 2 yemek kaşığı zeytinyağı

TALİMATLAR:
a) Fırını önceden 375°F'ye (190°C) ısıtın.
b) Bir kapta doğranmış ıspanak, beyaz peynir, doğranmış domates ve zeytinyağını karıştırın.
c) Her dolmalık biberin yarısını ıspanak ve beyaz peynir karışımıyla doldurun.
d) 25-30 dakika veya biberler yumuşayana kadar pişirin.

İÇİNDEKİLER:

- 1 kiloluk karides, soyulmuş ve ayrılmış
- 2 avokado, doğranmış
- 1 su bardağı kiraz domates, ikiye bölünmüş
- 2 yemek kaşığı taze kişniş, doğranmış
- 1 misket limonunun suyu

TALİMATLAR:

a) Karidesleri pembe ve opaklaşana kadar tavada pişirin.

b) Bir kasede pişmiş karidesleri, doğranmış avokadoları, kiraz domatesleri ve doğranmış kişnişleri birleştirin.

c) Limon suyunu gezdirin ve birleştirmek için hafifçe fırlatın.

d) Serinletici karides ve avokado salatası olarak servis yapın.

İÇİNDEKİLER:

- 4 tavuk budu, kemikli, derili
- 1 kutu (14 oz) doğranmış domates, süzülmemiş
- 2 yemek kaşığı zeytinyağı
- 2 çay kaşığı İtalyan baharatı
- Tatmak için biber ve tuz

TALİMATLAR:

a) Fırını önceden 375°F'ye (190°C) ısıtın.
b) Tavuk butlarını bir fırın tepsisine yerleştirin.
c) Bir kapta doğranmış domatesleri, zeytinyağını, İtalyan baharatlarını, tuzu ve karabiberi karıştırın.
d) Domatesli karışımı tavuk butlarının üzerine dökün.
e) 35-40 dakika veya tavuk 74°C (165°F) iç sıcaklığa ulaşana kadar pişirin.

İÇİNDEKİLER:

- 4 dolmalık biber, ikiye bölünmüş ve çekirdekleri çıkarılmış
- 1 su bardağı pişmiş kinoa
- 1 kutu (15 oz) siyah fasulye, süzülmüş ve durulanmış
- 1 su bardağı mısır taneleri (taze veya dondurulmuş)
- 1 bardak salsa

TALİMATLAR:

a) Fırını önceden 375°F'ye (190°C) ısıtın.
b) Bir kapta pişmiş kinoa, siyah fasulye, mısır ve salsayı karıştırın.
c) Kinoa karışımını her dolmalık biber yarısına kaşıkla dökün.
d) 25-30 dakika veya biberler yumuşayana kadar pişirin.

TATLI

İÇİNDEKİLER:

- 4 su bardağı taze portakal suyu
- ½ bardak bal
- 1 portakalın kabuğu rendesi
- 1 yemek kaşığı limon suyu

TALİMATLAR:

a)   Bir kapta taze portakal suyu, bal, portakal kabuğu rendesi ve limon suyunu birleştirin. Bal eriyene kadar karıştırın.

b)   Karışımı bir dondurma makinesine dökün ve üreticinin talimatlarına göre çalkalayın.

c)   Çalkalandıktan sonra şerbeti kapaklı bir kaba aktarın ve servis yapmadan önce en az 2 saat dondurun.

d)   Kepçe ve tadını çıkarın!

İÇİNDEKİLER:

- 1 yaprak puf böreği, çözülmüş
- ½ su bardağı badem unu
- ¼ bardak bal
- 1 çay kaşığı badem özü
- 1 su bardağı taze kayısı, dilimlenmiş

TALİMATLAR:

a) Fırını önceden 375°F'ye (190°C) ısıtın. Milföy hamurunu bir fırın tepsisine yayın.

b) Bir kapta badem unu, bal ve badem özünü karıştırın.

c) Bademli karışımı milföy hamurlarının üzerine yayın.

d) Üzerine dilimlenmiş kayısıları dizin.

e) 20-25 dakika veya hamur işi altın rengi kahverengi olana kadar pişirin.

f) Dilimlemeden önce tartın soğumasını bekleyin.

78. Akdeniz Fırında Şeftali

İÇİNDEKİLER:

- 4 olgun şeftali, ikiye bölünmüş ve çekirdekleri çıkarılmış
- 2 yemek kaşığı bal
- ¼ su bardağı kıyılmış ceviz veya badem
- 1 çay kaşığı öğütülmüş tarçın
- 1 yemek kaşığı sızma zeytinyağı

TALİMATLAR:

a) Fırını önceden 375°F'ye (190°C) ısıtın.

b) Şeftali yarımlarını kesilmiş tarafı yukarı bakacak şekilde bir fırın tepsisine yerleştirin.

c) Her şeftali yarısının üzerine bal gezdirin.

d) Kıyılmış fındıkları şeftalilerin üzerine eşit şekilde serpin.

e) Şeftalilerin üzerine toz tarçın serpin.

f) Üzerine sızma zeytinyağını gezdirin.

g) Önceden ısıtılmış fırında 20-25 dakika veya şeftaliler yumuşayana kadar pişirin.

h) Fırından çıkarın ve servis yapmadan önce biraz soğumalarını bekleyin.

İÇİNDEKİLER:
- 2 su bardağı badem unu
- ¼ bardak zeytinyağı
- ¼ bardak bal
- 1 limon kabuğu rendesi ve
- ½ çay kaşığı karbonat

TALİMATLAR:
a) Fırını önceden 350°F'ye (180°C) ısıtın. Bir fırın tepsisini parşömen kağıdıyla hizalayın.
b) Bir kapta badem unu, zeytinyağı, bal, limon kabuğu rendesi ve kabartma tozunu hamur oluşana kadar karıştırın.
c) Hamurdan yemek kaşığı büyüklüğünde parçalar alıp yuvarlayın. Hazırlanan fırın tepsisine yerleştirin.
d) Her topu bir çatalla düzleştirerek çapraz bir desen oluşturun.
e) 10-12 dakika veya kenarları altın rengi kahverengi olana kadar pişirin.
f) Servis yapmadan önce bisküvilerin soğumasını bekleyin.

İÇİNDEKİLER:

- 2 su bardağı karışık meyveler (çilek, yaban mersini, ahududu)
- 1 su bardağı doğranmış karpuz
- 1 su bardağı doğranmış ananas
- 1 yemek kaşığı taze nane, doğranmış
- 1 yemek kaşığı bal

TALİMATLAR:

a) Büyük bir kapta karışık meyveleri, karpuzu ve ananası birleştirin.
b) Kıyılmış naneyi meyvelerin üzerine serpin.
c) Balı salatanın üzerine gezdirin ve yavaşça karıştırın.
d) Servis yapmadan önce en az 30 dakika buzdolabında saklayın.

81. Akdeniz Ballı Muhallebi

İÇİNDEKİLER:
- ½ bardak kuskus
- 1,5 su bardağı badem sütü (veya dilediğiniz herhangi bir süt)
- 3 yemek kaşığı bal
- ½ çay kaşığı öğütülmüş tarçın
- ¼ su bardağı doğranmış kuru incir

TALİMATLAR:
a) Bir tencerede badem sütünü hafif kaynama noktasına getirin.
b) Kuskusu karıştırın, kapağını kapatın ve kısık ateşte yaklaşık 10 dakika veya kuskus yumuşayana kadar pişirin.
c) Bal ve öğütülmüş tarçını karıştırın. 2-3 dakika daha pişirin.
d) Tencereyi ocaktan alıp biraz soğumaya bırakın.
e) Doğranmış kuru incirleri karıştırın.
f) Pudingi servis kaselerine paylaştırın.
g) Sıcak veya soğutulmuş olarak servis yapın.

İÇİNDEKİLER:
- 2 bardak Yunan yoğurdu
- ½ bardak bitter çikolata (%70 kakao), doğranmış
- ¼ bardak bal
- 1 çay kaşığı vanilya özü
- 1 ½ çay kaşığı jelatin tozu

TALİMATLAR:
a)   a) Küçük bir kapta jelatin tozunu 2 yemek kaşığı suyla karıştırın. Çiçeklenmesi için 5 dakika bekletin.

b)   b) Bir tencerede çikolatayı kısık ateşte eriyene kadar hafifçe ısıtın. İyice birleşene kadar balı karıştırın.

c)   c) Tencereyi ocaktan alın ve vanilya özütünü ekleyerek karıştırın.

d)   d) Ayrı bir küçük tencerede, çiçek açan jelatini tamamen eriyene kadar kısık ateşte ısıtın. Kaynatmamaya dikkat edin.

e)   e) Çözünmüş jelatini yavaş yavaş çikolata karışımına pürüzsüz hale gelinceye kadar çırpın.

f)   f) Bir karıştırma kabında Yunan yoğurtunu pürüzsüz hale gelinceye kadar çırpın.

g)   g) Pürüzsüz ve düzgün bir doku elde etmek için sürekli karıştırarak çikolata karışımını yavaş yavaş Yunan yoğurduna ekleyin.

h)   h) Karışımı dört adet servis bardağına veya ramekine paylaştırın.

i)   i) En az 4 saat veya panna cotta sertleşene kadar buzdolabında saklayın.

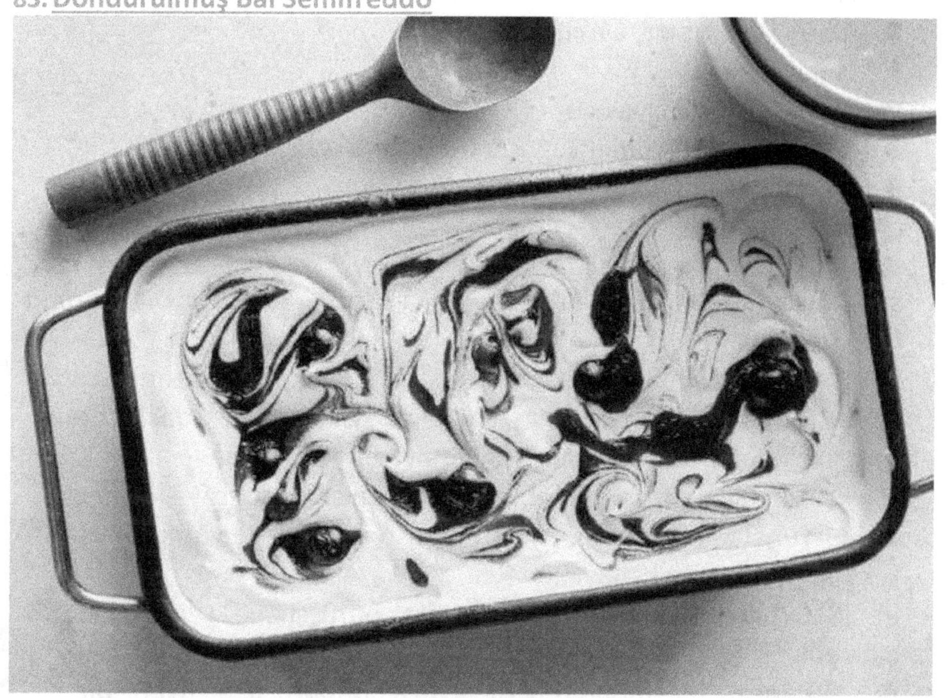

İÇİNDEKİLER:

- 4 büyük yumurta, ayrılmış
- ½ bardak bal
- 1 çay kaşığı vanilya özü
- 1 ½ su bardağı Yunan yoğurdu
- 1 bardak ağır krema

TALİMATLAR:

a)   Isıya dayanıklı bir kapta yumurta sarısını, balı ve vanilya özünü birlikte çırpın.

b)   Kaseyi kaynayan su dolu bir tencerenin (çift kazan) üzerine yerleştirin ve karışım koyulaşana kadar yaklaşık 5-7 dakika kadar sürekli çırpın. Isıdan çıkarın ve soğumaya bırakın.

c)   Ayrı bir kapta, ağır kremayı sert tepeler oluşuncaya kadar çırpın.

d)   Yunan yoğurtunu iyice birleşene kadar yumurta sarısı karışımına yavaşça katlayın.

e)   Çırpılmış kremayı karışıma katarak pürüzsüz ve kremsi bir kıvam elde edin.

f)   Karışımı bir somun tepsisine veya dondurucuda güvenli bir kaba dökün ve üstünü bir spatula ile düzeltin.

g)   Sertleşene kadar en az 6 saat veya gece boyunca dondurun.

h)   Servis yapmadan önce semifreddo'nun hafifçe yumuşaması için oda sıcaklığında birkaç dakika bekletin.

i)   Servis kaselerine paylaştırın.

İÇİNDEKİLER:
- 2 shot espresso veya ½ fincan güçlü demlenmiş kahve
- 2 kaşık vanilya veya bademli dondurma
- ½ çay kaşığı öğütülmüş zerdeçal
- ½ çay kaşığı taze rendelenmiş zencefil
- 2 yemek kaşığı bal

TALİMATLAR:
a) Espresso veya sert kahveyi demleyin.
b) Küçük bir kapta öğütülmüş zerdeçalı ve taze rendelenmiş zencefili karıştırın.
c) Her servis bardağına veya bardağa bir kepçe vanilya veya bademli dondurma koyun.
d) Her dondurma kepçesinin üzerine bir shot sıcak espresso dökün.
e) Zerdeçal ve zencefil karışımını gelato ve espressonun üzerine serpin.
f) Daha fazla tatlılık için her affogatonun üzerine bal gezdirin.
g) İsteğe göre kıyılmış antep fıstığıyla süsleyebilirsiniz.
h) Hemen servis yapın ve gelato kahvenin içinde erirken tadını çıkarın.

İÇİNDEKİLER:
- 1 bardak Yunan yoğurdu
- 2 yemek kaşığı bal
- ¼ fincan karışık fındık (badem, ceviz ve antep fıstığı gibi), doğranmış

TALİMATLAR:
a) Yunan yoğurtunu iki servis kasesine bölün.
b) Her kasenin üzerine 1 yemek kaşığı bal dökün.
c) Üzerine kıyılmış fındıkları serpin.
d) Hemen servis yapın ve tadını çıkarın!

İÇİNDEKİLER:

- 1 su bardağı badem unu
- ¾ bardak şeker
- 3 büyük yumurta
- 1 portakalın kabuğu rendesi
- ¼ bardak taze portakal suyu

TALİMATLAR:

a) Fırını önceden 350°F'ye (180°C) ısıtın. Kek kalıbını yağlayıp dizin.

b) Bir kapta badem unu, şeker, yumurta, portakal kabuğu rendesi ve taze portakal suyunu pürüzsüz hale gelinceye kadar çırpın.

c) Hamuru hazırlanan tavaya dökün.

d) 25-30 dakika veya ortasına batırdığınız kürdan temiz çıkana kadar pişirin.

e) Dilimlemeden önce pastanın soğumasını bekleyin.

İÇİNDEKİLER:

- 2 su bardağı badem unu
- 1 su bardağı şeker
- 4 büyük yumurta
- ½ su bardağı sızma zeytinyağı
- 2 portakalın kabuğu rendesi

TALİMATLAR:

a)   Fırını önceden 350°F'ye (180°C) ısıtın. Kek kalıbını yağlayıp unlayın.

b)   Büyük bir kapta badem unu, şeker, yumurta, zeytinyağı ve portakal kabuğu rendesini iyice birleşene kadar çırpın.

c)   Hamuru hazırlanan tavaya dökün ve 30-35 dakika veya ortasına batırdığınız kürdan temiz çıkana kadar pişirin.

d)   Pastayı soğumaya bırakın ve servis yapmadan önce üzerine pudra şekeri serpin.

İÇİNDEKİLER:

- 2 su bardağı karışık fındık (ceviz, badem ve antep fıstığı gibi), doğranmış
- ½ bardak bal
- ¼ bardak sızma zeytinyağı
- 1 çay kaşığı öğütülmüş tarçın
- 1 paket (14 ons) yufka hamuru, çözülmüş

TALİMATLAR:

a) Fırını önceden 350°F'ye (180°C) ısıtın. Bir fırın kabını yağlayın.

b) Bir kapta doğranmış fındıkları, balı, zeytinyağını ve tarçını karıştırın.

c) Yufkaların yarısını fırın tepsisine yerleştirin ve her bir yaprağı eritilmiş tereyağıyla fırçalayın.

d) Fıstık karışımını yufka katmanlarının üzerine eşit şekilde dağıtın.

e) Kalan yufkaları üstüne yerleştirin ve her bir yufkayı tekrar eritilmiş tereyağıyla fırçalayın.

f) Keskin bir bıçak kullanarak üst katmanı kareler halinde çizin.

g) 30-35 dakika veya altın rengi kahverengi olana kadar pişirin.

h) Çizilmiş çizgiler boyunca kesmeden önce soğumaya bırakın.

çeşniler

İÇİNDEKİLER:

- 1 bardak Yunan yoğurdu
- 1 salatalık, ince rendelenmiş ve süzülmüş
- 2 diş sarımsak, kıyılmış
- 1 yemek kaşığı taze dereotu, doğranmış
- Tatmak için biber ve tuz

TALİMATLAR:

a) Bir kapta Yunan yoğurdu, rendelenmiş salatalık, kıyılmış sarımsak ve doğranmış dereotu birleştirin.

b) İyice karıştırıp tuz ve karabiberle tatlandırın.

c) Servis yapmadan önce en az 30 dakika buzdolabında saklayın.

İÇİNDEKİLER:
- 1/4 su bardağı sızma zeytinyağı
- 1 limonun suyu
- 1 çay kaşığı Dijon hardalı
- 1 çay kaşığı kurutulmuş kekik
- Tatmak için biber ve tuz

TALİMATLAR:
a)   Küçük bir kapta zeytinyağı, limon suyu, Dijon hardalı ve kurutulmuş kekiği birlikte çırpın.
b)   Tuz ve karabiberle tatlandırın.
c)   Salatalarda sos olarak veya ızgara sebze ve etlerde marine olarak kullanın.

İÇİNDEKİLER:

- 1 su bardağı çekirdekleri çıkarılmış Kalamata zeytini
- 2 yemek kaşığı kapari
- 2 diş sarımsak
- 2 yemek kaşığı taze maydanoz, doğranmış
- 2 yemek kaşığı sızma zeytinyağı

TALİMATLAR:

a) Bir mutfak robotunda zeytin, kapari, sarımsak ve maydanozu birleştirin.

b) İnce bir şekilde doğranana kadar nabız atın.

c) Bir kaseye aktarıp zeytinyağında karıştırın.

d) Krakerlerin üzerine sürülecek şekilde veya ızgara balık veya tavuğun üzerine konulacak şekilde servis yapın.

İÇİNDEKİLER:
- 2 su bardağı taze fesleğen yaprağı
- 1/2 su bardağı rendelenmiş parmesan peyniri
- 1/2 su bardağı çam fıstığı
- 2 diş sarımsak
- 1/2 su bardağı sızma zeytinyağı

TALİMATLAR:
a) Bir mutfak robotunda fesleğen, Parmesan, çam fıstığı ve sarımsağı birleştirin.
b) İri bir şekilde doğranana kadar nabız atın.
c) Robot çalışırken pesto istediğiniz kıvama gelinceye kadar zeytinyağını yavaşça dökün.
d) Tatmak için tuz ve karabiber ekleyin.

İÇİNDEKİLER:
- 1 bardak Yunan yoğurdu
- 1 limonun kabuğu rendesi ve suyu
- 1/4 bardak taze kişniş, doğranmış
- Tatmak için biber ve tuz

TALİMATLAR:
a)   Bir kapta Yunan yoğurdu, limon kabuğu rendesi, limon suyu ve doğranmış kişnişi birleştirin.
b)   İyice karıştırıp tuz ve karabiberle tatlandırın.
c)   Servis yapmadan önce en az 30 dakika buzdolabında saklayın.

94. Akdeniz Salsası

İÇİNDEKİLER:

- 1 su bardağı kiraz domates, doğranmış
- 1/2 salatalık, doğranmış
- 1/4 bardak kırmızı soğan, ince doğranmış
- 2 yemek kaşığı Kalamata zeytini, doğranmış
- 2 yemek kaşığı taze maydanoz, doğranmış

TALİMATLAR:

a) Bir kapta doğranmış domates, salatalık, kırmızı soğan, zeytin ve maydanozu birleştirin.

b) İyice karıştırın ve tatların birbirine karışması için yaklaşık 15 dakika buzdolabında saklayın.

c) Izgara tavuk veya balık için canlı bir salsa olarak servis yapın.

İÇİNDEKİLER:

- 1 bardak Yunan yoğurdu
- 1 limonun suyu
- 2 diş sarımsak, kıyılmış
- 2 yemek kaşığı sızma zeytinyağı
- Tatmak için biber ve tuz

TALİMATLAR:

a) Bir kapta Yunan yoğurdu, limon suyu, kıyılmış sarımsak ve zeytinyağını birlikte çırpın.

b) Tatmak için tuz ve karabiber ekleyin.

c) Salatalarda sos olarak veya sebzelerde dip sos olarak kullanın.

İÇİNDEKİLER:

- 1/2 bardak mayonez
- 2 yemek kaşığı kapari, süzülmüş
- 1 limon kabuğu rendesi ve
- 1 yemek kaşığı limon suyu
- 1 diş sarımsak, kıyılmış

TALİMATLAR:

a)   Bir kapta mayonez, kapari, limon kabuğu rendesi, limon suyu ve kıyılmış sarımsağı birleştirin.

b)   İyice karıştırın ve servis yapmadan önce en az 30 dakika buzdolabında saklayın.

c)   Deniz ürünleri için lezzetli bir aioli veya sebzeler için daldırma sosu olarak servis yapın.

97.Güneşte Kurutulmuş Domates Pesto

İÇİNDEKİLER:

- 1 su bardağı güneşte kurutulmuş domates (yağda paketlenmiş), süzülmüş
- 1/2 su bardağı taze fesleğen yaprağı
- 1/4 su bardağı rendelenmiş Pecorino Romano peyniri
- 2 diş sarımsak
- 1/3 su bardağı sızma zeytinyağı

TALİMATLAR:

a)   Bir mutfak robotunda güneşte kurutulmuş domatesleri, fesleğeni, Pecorino Romano peynirini ve sarımsağı birleştirin.

b)   İri bir şekilde doğranana kadar nabız atın.

c)   Robot çalışırken pesto istediğiniz kıvama gelinceye kadar zeytinyağını yavaşça dökün.

d)   Tatmak için tuz ve karabiber ekleyin.

İÇİNDEKİLER:

- 1 bardak Yunan yoğurdu
- 1/4 bardak taze nane yaprağı, doğranmış
- 1 yemek kaşığı limon suyu
- 1 çay kaşığı bal
- Tatmak için biber ve tuz

TALİMATLAR:

a) Bir kapta Yunan yoğurtunu, doğranmış naneyi, limon suyunu ve balı birleştirin.

b) İyice karıştırıp tuz ve karabiberle tatlandırın.

c) Servis yapmadan önce en az 30 dakika buzdolabında saklayın.

d) Izgara kuzu eti için serinletici bir sos veya sebzeler için sos olarak servis yapın.

İÇİNDEKİLER:
- 1/2 su bardağı sızma zeytinyağı
- 1/4 bardak balzamik sirke
- 1 çay kaşığı Dijon hardalı
- 1 diş sarımsak, kıyılmış
- Tatmak için biber ve tuz

TALİMATLAR:
a) Bir kasede zeytinyağı, balzamik sirke, Dijon hardalı ve kıyılmış sarımsağı çırpın.
b) Tatmak için tuz ve karabiber ekleyin.
c) Salatalarda sos olarak veya kavrulmuş sebzelerin üzerine gezdirerek kullanın.

100. Zerdeçallı Tahin Sosu

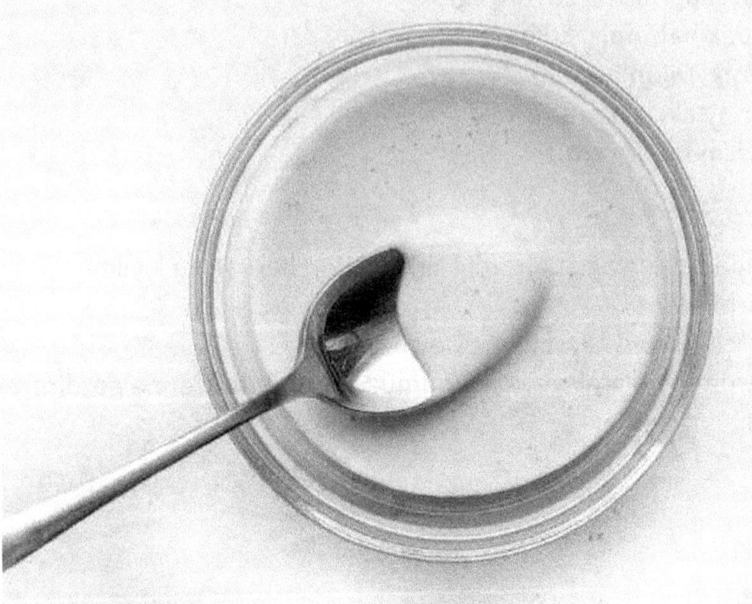

İÇİNDEKİLER:

- 1/2 su bardağı tahin
- 2 yemek kaşığı limon suyu
- 1 çay kaşığı öğütülmüş zerdeçal
- 1 diş sarımsak, kıyılmış
- 2 yemek kaşığı su (istenilen kıvama göre ayarlayın)

TALİMATLAR:

a) Bir kasede tahin, limon suyu, öğütülmüş zerdeçal, kıyılmış sarımsak ve suyu birlikte çırpın.

b) Gerekirse ilave su ile kıvamını ayarlayın.

c) Tatmak için tuzla tatlandırın.

d) Servis yapmadan önce en az 30 dakika buzdolabında saklayın.

e) Kavrulmuş sebzeler veya ızgara tavuk için sos olarak servis yapın.

ÇÖZÜM

"Beş Malzemeli Akdeniz Şöleni" yolculuğumuzu tamamlarken, mutfağınızın lezzetleri keşfetmenin ve keyifle buluştuğu bir yer olmasını diliyorum. Bu yemek kitabı sadece tariflerden ibaret değil; sadeliğin ihtişamla buluştuğu Akdeniz yaşam tarzının bir kutlamasıdır ve her öğün, yaşamın zenginliğinin tadını çıkarmak için bir fırsattır.

100 zahmetsiz tarifin, Akdeniz'in lezzetlerini sofranıza getirdiğine, bu ünlü mutfağa ilham veren güneşli manzaraların ve canlı kültürlerin tadını çıkardığına inanıyorum. Akdeniz'in esansı yemeklerinize ilham vermeye devam etsin ve bu basit ama enfes tarifler mutfak repertuarınızın temelini oluştursun.

Bu lezzetli yolculukta bana katıldığınız için teşekkür ederim. Gelecekteki yemek pişirme maceralarınız, her yemeğin bir ziyafet olduğu ve mutfaktaki her anın iyi yemeklerin, iyi arkadaşlıkların ve basit, lezzetli yaşamın keyfinin kutlandığı Akdeniz'in ruhuyla dolu olsun. Afiyet olsun!